Savais-tu?

Les Porcs-épics

Savais-tu?
Les Porcs-épics

Alain M. Bergeron
Michel Quintin
Sampar

Illustrations de Sampar

ÉDITIONS
MICHEL
QUINTIN

Catalogage avant publication de Bibliothèque et Archives nationales du Québec et Bibliothèque et Archives Canada

Bergeron, Alain M.

Les porcs-épics

(Savais-tu? ; 50)
Pour enfants de 7 ans et plus.

ISBN 978-2-89435-511-4

1. Porcs-épics - Ouvrages pour la jeunesse. 2. Porcs-épics - Ouvrages illustrés - Ouvrages pour la jeunesse. I. Quintin, Michel. II. Sampar. III. Titre. IV. Collection: Bergeron, Alain M. Savais-tu? ; 50.

QL737.R652B47 2011   j599.35'974   C2011-941164-4

Infographie : Marie-Ève Boisvert, Éd. Michel Quintin

La publication de cet ouvrage a été réalisée grâce au soutien financier du Conseil des Arts du Canada et de la SODEC.

De plus, les Éditions Michel Quintin reconnaissent l'aide financière du gouvernement du Canada par l'entremise du Fonds du livre du Canada pour leurs activités d'édition.

Gouvernement du Québec – Programme de crédit d'impôt pour l'édition de livres – Gestion SODEC

ISBN 978-2-89435-511-4
Dépôt légal – Bibliothèque et Archives nationales du Québec, 2011
Dépôt légal – Bibliothèque et Archives Canada, 2011

Éditions Michel Quintin
C.P. 340, Waterloo (Québec)
Canada J0E 2N0
Tél. :   450 539-3774
Téléc. : 450 539-4905
editionsmichelquintin.ca

11 - G A - 1

Imprimé au Canada

Un immense merci à Nancy qui, grâce à sa précieuse collaboration, a su ajouter du « piquant » à tous ces Savais-tu ?

Michel

Savais-tu qu'il existe plus de 20 espèces de porcs-épics?
On en trouve dans le Nouveau Monde (les trois Amériques)
ainsi que dans l'Ancien Monde (Afrique, Asie, Europe).

Savais-tu que tous les porcs-épics ont un pelage qui se compose de poils et de piquants? Les piquants, absents sur leur museau, à l'intérieur de leurs pattes et sur leur ventre, sont des poils modifiés en épines rigides.

Savais-tu que les prédateurs des porcs-épics, qui sont peu nombreux, les tuent en les mordant à la tête ou en les retournant sur le dos pour les attaquer au ventre?

Savais-tu que le porc-épic est l'animal terrestre aux plus longs piquants? Chez certaines espèces, comme le porc-épic à crête, les piquants mesurent jusqu'à 50 centimètres de long.

Savais-tu que ces mammifères sont parmi les plus gros rongeurs du monde ? Le porc-épic d'Amérique peut peser jusqu'à 18 kilos, alors que le porc-épic à crête peut atteindre 27 kilos.

Savais-tu que d'autres espèces, comme le porc-épic à fourrure nain de Bahia, pèsent moins de 1 kilo?

Savais-tu que les porcs-épics habitent les forêts, les prairies et les déserts? Tous sont de mœurs nocturnes.

Savais-tu que ces rongeurs ont quatre incisives proéminentes qui poussent continuellement? Elles s'usent en biseau et restent toujours très tranchantes.

Savais-tu que, végétariens, les porcs-épics mangent des feuilles, des bourgeons, des petits fruits ainsi que l'écorce de certains arbres?

Savais-tu que certaines espèces, comme le porc-épic à queue préhensile, consomment aussi des insectes et des petits reptiles?

Savais-tu que les porcs-épics sont friands de sel? Ils rongent tout ce qui en contient, comme les os d'animaux morts et les bois tombés des cervidés. C'est pour cette raison qu'ils grugent aussi les objets imprégnés d'urine ou de sueur.

Savais-tu que, comme ils ont l'habitude de venir le long des routes pour y lécher le sel épandu, il n'est pas rare que les porcs-épics se fassent frapper par les automobiles ?

Savais-tu que leurs piquants leur servent de flotteurs lorsqu'ils nagent?

Savais-tu que les porcs-épics sont myopes? Par contre, ils ont une ouïe très fine et un excellent odorat.

Savais-tu qu'ils émettent toute une gamme de sons :
plaintes, gémissements, grognements, toux, reniflements,
cris aigus, glapissements et vagissements ?

DÉSOLÉ PETITE, J'AI ENTENDU TOUTES SORTES DE SONS, MAIS RIEN QUI PEUT RESSEMBLER À UNE CHANSON. SUIVANT!
JUGE
Concours de talents

Savais-tu qu'à cause de leurs piquants, le mâle et la femelle doivent prendre certaines précautions au moment de l'accouplement?

Savais-tu que, chez les porcs-épics américains, pour savoir si la femelle est prête à l'accouplement, le mâle s'avance vers elle en grognant, se redresse sur ses pattes postérieures

et l'asperge d'un puissant jet d'urine ? Si elle est prête, elle se laisse complètement tremper, sinon, elle se secoue avec vigueur.

Savais-tu que les porcs-épics ont en général un seul bébé par portée? Les jumeaux sont rares.

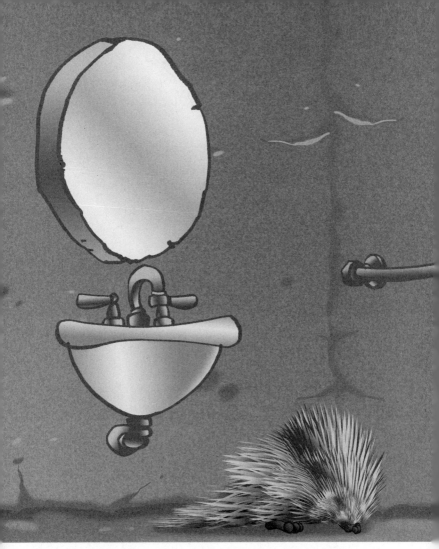

Savais-tu que le petit a les yeux ouverts dès la naissance, qu'il peut se déplacer et que, par réflexe, il adopte déjà une attitude défensive?

Savais-tu qu'il vient au monde le corps couvert de piquants ? Ceux-ci sont mous, mais durcissent en quelques heures.

Savais-tu que le porc-épic d'Amérique, aussi appelé
«ourson coquau», porte environ 30 000 piquants? Leur
pointe est garnie de petits crochets qui gonflent aussitôt

qu'ils pénètrent dans la chair; c'est ce qui les rend si difficiles à enlever.

Savais-tu que lorsque le porc-épic se sent menacé, il se met en boule et hérisse ses piquants ? S'il doit contre-attaquer, il se déplace à reculons ou latéralement tout en fouettant l'air de sa puissante queue piquante.

Savais-tu que beaucoup croient, à tort, que les porcs-épics peuvent projeter leurs piquants ? En fait, ils sont fixés très légèrement à leur corps, ce qui fait qu'ils se détachent dès

qu'ils entrent en contact avec l'assaillant. Quand l'animal bat de la queue, par exemple, des piquants peuvent se libérer en donnant l'impression qu'ils ont été lancés.

Savais-tu que les piquants peuvent causer de graves blessures et même provoquer la mort? En perforant un organe vital, par exemple, ou en se plantant en grand

nombre dans la gueule de l'agresseur, ce dernier risque de
ne plus pouvoir se nourrir et d'être entraîné ver la mort.

Savais-tu que les porcs-épics qui vivent dans les trois Amériques sont arboricoles ? Ces excellents grimpeurs ont de longues griffes qui leur permettent de monter facilement aux arbres.

Savais-tu que certaines espèces, comme les porcs-épics à queue préhensile, ont une queue longue et dépourvue d'épines qu'ils peuvent enrouler autour des branches?

Savais-tu que contrairement aux porcs-épics d'Europe, d'Afrique et d'Asie, les porcs-épics américains sont solitaires?

Savais-tu que le porc-épic d'Amérique est la seule espèce que l'on rencontre du nord du Mexique jusqu'en Alaska ? Cet animal est actif toute l'année.

Savais-tu que certains porcs-épics peuvent atteindre l'âge de 20 ans et même plus ? L'un des plus vieux porcs-épics répertoriés venait de Malaisie. Il a vécu 27 ans en captivité.